Arabische Studien

Herausgegeben von
Hartmut Bobzin und Tilman Seidensticker

Band 18

2021

Harrassowitz Verlag · Wiesbaden

Wörterverzeichnis zu den Publikationen von Manfred Ullmann

Herausgegeben von
Tilman Seidensticker

2021

Harrassowitz Verlag · Wiesbaden

Bibliografische Information der Deutschen Nationalbibliothek
Die Deutsche Nationalbibliothek verzeichnet diese Publikation in der Deutschen Nationalbibliografie; detaillierte bibliografische Daten sind im Internet über https://www.dnb.de abrufbar.

Informationen zum Verlagsprogramm finden Sie unter
https://www.harrassowitz-verlag.de

Verlegt durch Otto Harrassowitz GmbH & Co. KG, Wiesbaden 2021
Gedruckt auf alterungsbeständigem Papier
Druck und Verarbeitung: docupoint, Magdeburg
Printed in Germany

ISSN 1860-5117
eISSN 2702-8674
DOI Reihe 10.13173/1860-5117

ISBN 978-3-447-11736-4

DOI Titel 10.13173/9783447117364

Inhalt

Vorwort des Herausgebers

Manfred Ullmann, geboren am 2. November 1931 in Brandenburg an der Havel, hat von Dezember 1970 bis März 1997 an der Eberhard-Karls-Universität Tübingen als Professor für Arabistik gewirkt und seine Publikationstätigkeit nach dem Eintritt in den Ruhestand fast ein Vierteljahrhundert lang fortgeführt. Seit dem Erscheinen seiner Dissertation *Die arabische Überlieferung der sogenannten Menandersentenzen* (Wiesbaden 1961) hat er der Arabistik herausragende Dienste geleistet, und dies sowohl in Hinblick auf den ungewöhnlichen Umfang seiner Publikationen als auch auf deren Qualität. Ullmanns Arbeiten sind auf der Grundlage außerordentlichen Materialreichtums entstanden, der durch extensive Lektüre arabischer Quellen erarbeitet wurde. Das philologische Material hat er mit großer Hellsicht durchdrungen und der Fachwelt in 49 selbständigen Veröffentlichungen, 62 Zeitschriftenaufsätzen oder Beiträgen zu Sammelwerken und 125 Rezensionen vorgelegt.

Auf der Basis des mit Unterstützung von Manfred Ullmann entstandenen digitalen Schriftenverzeichnisses (publiziert seit 2010 auf der Homepage des Seminars für Orientalistik an der Friedrich-Schiller-Universität Jena sowie bei *academia.edu*) wurde die schlanke Realisierung einer Idee möglich, die als Desideratum in Arabistenkreisen in der Luft lag: ein Wörterverzeichnis zur lexikographischen und grammatikalischen Materie von Ullmanns Schaffen außerhalb des *Wörterbuchs des Klassischen Arabisch*. In seinen Monographien, Aufsätzen und Rezensionen sind schwierige und seltene Wörter erklärt, die nicht unmittelbar zur jeweiligen Thematik gehören. Da diese Begriffe dort in Anmerkungen und Exkursen erscheinen, sind sie nicht leicht aufzufinden. Manfred Ullmann hat meinen dahingehenden Vorschlag positiv aufgenommen und mir diesen Index verborum Ende Mai 2021 in handschriftlicher Form zugeschickt. Ich habe ihn dann für die vorliegende Publikation in ein digitales Manuskript umgewandelt.

Nach dem Vorbild des „Index signifikanter Wörter" (in A 1 = WKAS II 2333-2457) ist das lexikographische Material in dem hier vorgelegten Verzeichnis in alphabetischer Anordnung dargeboten. Durch die Großbuchstaben und Nummern ist der Bezug zu den im Schriftenverzeichnis aufgeführten Publikationen hergestellt. Das Schriftenverzeichnis mit Stand August 2021 ist hier als Siglenverzeichnis beigegeben. Erwähnt sei noch, dass die wissenschaftshistorischen Aufsätze nicht nach den Erstveröffentlichungen in den verschiedenen Zeitschriften usw. zitiert sind, sondern nach dem von Rüdiger Arnzen herausgegebenen Sammelband *Aufsätze zur arabischen Rezeption der griechischen Medizin und Naturwissenschaft* (A 44).

Herr Jens Fetkenheuer vom Harrassowitz Verlag hat mich bei der Erstellung einer druckfertigen Datei freundlicherweise unterstützt. Herr Stephan Specht, Verlagsleiter von Harrassowitz, hat die Veröffentlichung in den *Arabischen Studien* als gedrucktes

Werk und auch im digitalen Open Access ermöglicht, nicht zuletzt im Namen desjenigen Verlags, in dem die meisten Publikationen von Manfred Ullmann erschienen sind. Er und ich als Herausgeber des Bandes freuen uns, Manfred Ullmann diesen Band zum 90. Geburtstag als Zeichen verlegerischer und arabistischer Verbundenheit vorzulegen. Die Arabistik kann ab jetzt für etliche schwierige lexikographische Fragen jenseits von *Kāf* und *Lām* nicht nur auf den WKAS-Index signifikanter Wörter zurückgreifen, sondern auch auf dieses Wörterverzeichnis.

Tilman Seidensticker — Jena, im September 2021

Wörterverzeichnis

Schriftenverzeichnis Manfred Ullmann

Grundlage ist ein Verzeichnis, das Manfred Ullmann im Januar 2010 zur Verfügung gestellt hat und das vom Herausgeber bis August 2021 kontinuierlich ergänzt wurde.

Folgende Abkürzungen sind verwendet:

AAWG	Abhandlungen der Akademie der Wissenschaften zu Göttingen,
Philologisch-	Historische Klasse
Bi Or	Bibliotheca Orientalis
EI^2	The Encyclopaedia of Islam. New Edition
NAWG	Nachrichten der Akademie der Wissenschaften zu Göttingen,
Philologisch-	Historische Klasse
OLZ	Orientalistische Literaturzeitung
SBBA	Sitzungsberichte der Bayerischen Akademie der Wissenschaften,
Philoso-	phisch-Historische Klasse
WI	Die Welt des Islams
WKAS	Wörterbuch der Klassischen Arabischen Sprache
WO	Die Welt des Orients
WZKM	Wiener Zeitschrift für die Kunde des Morgenlandes
ZDMG	Zeitschrift der Deutschen Morgenländischen Gesellschaft

A. Selbständige Schriften

1. Wörterbuch der Klassischen Arabischen Sprache (WKAS). Unter Mitwirkung der Akademien der Wissenschaften in Göttingen, Heidelberg und München und der Akademie der Wissenschaften und der Literatur in Mainz herausgegeben durch die Deutsche Morgenländische Gesellschaft, Bd. I: *Kāf*. Begründet von Jörg Kraemer und Helmut Gätje. In Verbindung mit Anton Spitaler bearbeitet von M. U., Wiesbaden 1970.
   Bd. II, Teil 1: *la-* bis *laḍama*. Bearbeitet von M. U., Wiesbaden 1983.
   Bd. II, Teil 2: *laṭṭa* bis *lakiya*. Bearbeitet von M. U., Wiesbaden 1991.
   WKAS. Unter Mitwirkung der Akademien der Wissenschaften in Berlin, Düsseldorf, Göttingen, Heidelberg, Leipzig, Mainz und München herausgegeben durch die Deutsche Morgenländische Gesellschaft, Bd. II, Teil 3: *lam* bis *lāha*. Bearbeitet von M. U., Wiesbaden 2000.
   Bd. II, Teil 4: *lawā* bis *līwān*. In Verbindung mit Mechthild Kellermann bearbeitet von M. U., Wiesbaden 2009.

2. Wörterbuch der Klassischen Arabischen Sprache. Vorläufiges Literaturverzeichnis zum zweiten Band (*Lām*). Stand: Juli 1978, Wiesbaden 1979.

2., erweiterte Fassung. Stand: April 1988, Wiesbaden 1989.
3., erweiterte Auflage, Stand: Bd. II, 24. Lieferung, Wiesbaden 1996.
(Das endgültige Literaturverzeichnis zum II. Band ist veröffentlicht in: WKAS Bd. II, Teil 4, S. 2265-2328.)

3. Griechische Spruchdichtung im Arabischen, Phil. Dissertation Tübingen 1959 (maschinenschriftlich).

4. Die arabische Überlieferung der sogenannten Menandersentenzen, Wiesbaden 1961 (Abhandlungen für die Kunde des Morgenlandes Bd. 34,1) [gekürzte und geänderte Fassung von Nr. 3].

5. Untersuchungen zur Rağazpoesie. Ein Beitrag zur arabischen Sprach- und Literaturwissenschaft, Wiesbaden 1966.

6. Die Medizin im Islam, Leiden-Köln 1970 (Handbuch der Orientalistik, Erste Abteilung: Der Nahe und der Mittlere Osten, hrsg. von Bertold Spuler, Ergänzungsband VI, 1. Abschnitt).

7. Die Natur- und Geheimwissenschaften im Islam, Leiden-Köln 1972 (Handbuch der Orientalistik, Erste Abteilung: Der Nahe und der Mittlere Osten, hrsg. von Bertold Spuler, Ergänzungsband VI, 2. Abschnitt).

8. Katalog der arabischen alchemistischen Handschriften der Chester Beatty Library, Teil I: Beschreibung der Handschriften, Wiesbaden 1974. Teil II: Wörterverzeichnis, Wiesbaden 1976.

9. Islamic Medicine, Edinburgh 1978 (Islamic Surveys 11).
Aṭ-ṭibb al-islāmī, tarǧamat ad-duktūr Yūsuf al-Kailānī (Ṭabʿa ḫāṣṣa ṣadarat bi-munāsabat inʿiqād muʾtamar aṭ-ṭibb al-islāmī al-awwal fī Daulat al-Kuwait fī l-fatra mā bain 12-16 Yanāyir 1981 ḍimn al-iḥtifālāt bi-ḥulūl al-qarn al-ḫāmis ʿašar al-hiǧrī), Daulat al-Kuwait, Wizārat aṣ-ṣiḥḥa al-ʿāmma, 1401/1981 [nicht autorisierte Übersetzung].
La médecine islamique. Traduit de l'anglais par Fabienne Hareau, Paris 1995 (Islamiques. Collection dirigée par Dominique et Janine Sourdel, François Déroche) [nicht autorisierte Übersetzung].
Ṭibb-i islāmī. Islamic Medicine, translated into Persian by Fereydoun Badrei, Teheran 1983/2005 [nicht autorisierte Übersetzung].
Aṭ-ṭibb al-islāmī, naqalahū ilā l-ʿarabīya ad-duktūr Sāmir ʿAbd al-Muḥsin al-Ayyūbī, Maktabat al-ʿUbaikān, ar-Riyāḍ 1432/2011 [nicht autorisierte Übersetzung].

10. Rufus von Ephesos, Krankenjournale, herausgegeben, übersetzt und erläutert, Wiesbaden 1978.

11. Beiträge zur Lexikographie des Klassischen Arabisch Nr. 1: *Wa-ḫairu l-ḥadīṯi mā kāna laḥnan* (Mit einem Anhang von Rainer Degen), München 1979 (SBBA 1979, Heft 9).

12. Beiträge zur Lexikographie des Klassischen Arabisch Nr. 2: Das Gespräch mit dem Wolf, München 1981 (SBBA 1981, Heft 2).

13. Beiträge zur Lexikographie des Klassischen Arabisch Nr. 3: Flughühner und Tauben, München 1982 (SBBA 1982, Heft 1).

14. Die Schrift des Rufus von Ephesos über die Gelbsucht in arabischer und lateinischer Übersetzung, hrsg. von M. U., Göttingen 1983 (AAWG, Dritte Folge, Nr. 138).

15. Beiträge zur Lexikographie des Klassischen Arabisch Nr. 5: Arabisch *ʿasā* „vielleicht“: Syntax und Wortart, München 1984 (SBBA 1984, Heft 4).

16. Arabische Komparativsätze, Göttingen 1985 (NAWG 1985, Nr. 7).

17. Adminiculum zur Grammatik des klassischen Arabisch, Wiesbaden 1989.

18. Adminiculum zur Grammatik des klassischen Arabisch. Wörterverzeichnis (zusammen mit Christian Peltz), Wiesbaden 1993.

19. Das arabische Nomen generis, Göttingen 1989 (AAWG, III. Folge, Nr. 176).

20. Beiträge zur Lexikographie des Klassischen Arabisch Nr. 7: Aufs Wasser schreiben, München 1989 (SBBA 1989, Heft 1).

21. Das Motiv des Spiegels in der arabischen Literatur des Mittelalters (Mit Beiträgen von Rainer Degen), Göttingen 1992 (AAWG Dritte Folge, Nr. 198).

22. Beiträge zur Lexikographie des Klassischen Arabisch Nr. 9: Die Plejaden in den Vergleichen der arabischen Dichtung (zusammen mit Paul Kunitzsch), München 1992 (SBBA 1992, Heft 4).

23. Das Schlangenbuch des Hermes Trismegistos, herausgegeben, übersetzt und erläutert, Wiesbaden 1994.

24. Beiträge zur Lexikographie des Klassischen Arabisch Nr. 11: *Launuhū ilā l-ḥumrati mā huwa*, München 1994 (SBBA 1994, Heft 4).

25. Das Motiv der Kreuzigung in der arabischen Poesie des Mittelalters, Wiesbaden 1995.

26. Beiträge zu den Gedichten des abū n-Naǧm al-ʿIǧlī, Göttingen 1995 (NAWG 1995, Nr. 5).

27. Beiträge zur Lexikographie des Klassischen Arabisch Nr. 13: Zur Geschichte des Wortes *barīd* „Post“, München 1997 (SBBA 1997, Heft 1).

28. Beiträge zur Lexikographie des Klassischen Arabisch Nr. 14: Sätze mit *lau*, München 1998 (SBBA 1998, Heft 1).

29. Der Neger in der Bildersprache der arabischen Dichter, Wiesbaden 1998.

30. Arabische Gedichte über Seerosen und Lotosblumen, Göttingen 2001 (NAWG 2001, Nr. 12).

31. Wörterbuch zu den griechisch-arabischen Übersetzungen des 9. Jahrhunderts, Wiesbaden 2002.
Wörterbuch zu den griechisch-arabischen Übersetzungen des 9. Jahrhunderts, Supplement Band I: A – O, Wiesbaden 2006; Supplement Band II: Π - **Ω**, Wiesbaden 2007; Supplement Band III: Zur Agronomie, Wiesbaden 2018.

32. Die Relativierung der Genus-Verbi-Opposition auf der Ebene der Partizipien. Ein Beitrag zur arabischen Lexikographie, Göttingen 2005 (AAWG, Dritte Folge, Band 270).

33. Beiträge zur Lexikographie des Klassischen Arabisch Nr. 17: Lexikalische Probleme im Sinnbezirk *Hyäne*, München 2008 (SBBA 2008, Heft 4).

34. Untersuchungen zur arabischen Überlieferung der Materia medica des Dioskurides (Mit Beiträgen von Rainer Degen), Wiesbaden 2009.

35. Arabische Proportionalgefüge, Berlin-New York 2009 (AAWG, Neue Folge, Band 7, Sammelband I, S. 209-244).

36. Beiträge zur Lexikographie des Klassischen Arabisch Nr. 19: Die Conclusio a minori ad maius im Arabischen, München 2010 (SBBA 2010, Heft 1).

37. Die Nikomachische Ethik des Aristoteles in arabischer Übersetzung. Teil 1: Wortschatz, Wiesbaden 2011. Teil 2: Überlieferung, Textkritik, Grammatik, Wiesbaden 2012.

38. Aristoteles in Fes. Zum Wert der arabischen Überlieferung der Nikomachischen Ethik für die Kritik des griechischen Textes (zusammen mit Ernst A. Schmidt),

Heidelberg 2012 (Schriften der Philosophisch-historischen Klasse der Heidelberger Akademie der Wissen-schaften, Band 49).

39. Beiträge zur arabischen Grammatik, Wiesbaden 2013.

40. Beiträge zur Lexikographie des Klassischen Arabisch Nr. 20: Die arabische Partikel *ḥāšā*. Syntax und Semantik, München 2014 (SBBA 2014, Heft 2).

41. Arabische Koinzidenzgefüge. Nachrichten der Akademie der Wissenschaften zu Göttingen. Neue Folge. Laufende Nummer 001/2014 [Göttingen] 2014 [nur verfügbar unter http://rep.adw-goe.de/handle/11858/00-001S-0000-0023-B190-7].

42. Paralipomena. Studien zur arabischen Grammatik, Textkritik und Motivgeschichte, Wiesbaden 2015.

43. Theorie und Praxis der arabischen Lexikographie, Wiesbaden 2016.

44. Aufsätze zur arabischen Rezeption der griechischen Medizin und Naturwissenschaft, hrsg. von Rüdiger Arnzen, Boston/Berlin 2016 (Scientia Graeco-Arabica 15) [enthält mit Nachträgen versehene Neuabdrucke der Nummern B 21. 34. 31. 15. 24. 25. 50. 11. 29. 4. 13. 20. 27. 38. 2. 37. 39. 35. 9. 36. 23. 14. 7. 10. 19. 22].

45. Der verstohlene Blick. Zur Metaphorik des Diebstahls in der arabischen Sprache und Literatur, Wiesbaden 2017.

46. Zur Syntax von arabisch *kilā* „beide“. Nachrichten der Akademie der Wissenschaften zu Göttingen. Neue Folge. Nummer 1/2019 [Göttingen] 2019 [nur verfügbar unter https://rep.adw-goe.de/handle/11858/00-001S-0000-002D-B67D-A].

47. Flüche und unfromme Wünsche in der arabischen Sprache und Literatur, Wiesbaden 2020.

48. Neue Beiträge zur arabischen Grammatik. Exklamativpartikeln, der Casus emphaticus, Koordinationsmodelle, syntaktische Umkehrungen, Wiesbaden 2021.

49. Die arabischen Partikeln *hā* „da“, *hāka* „nimm“ und *hāti* „gib“, Tübingen 2021 [Privatdruck, 38 Seiten]

B. Zeitschriftenaufsätze und Beiträge zu Sammelwerken

1. Bemerkungen zu den arabischen Übersetzungen der Menandersentenzen, in: Der Islam 42, 1965, 79-88.

2. Al-Iksīr, the elixir, in: EI² III (1971) 1087-1088.

3. Beiträge zum Text des Kitāb al-Ǧauharatain von al-Hamdānī, in: Der Islam 48, 1971, 90-99.

4. Yūḥannā ibn Sarābiyūn. Untersuchungen zur Überlieferungsgeschichte seiner Werke, in: Medizinhistorisches Journal 6, 1971, 278-296.

5. *sāraqanī n-naẓara ilaihā*, in: Der Islam 49, 1972, 120f.

6. War Ḥunain der Übersetzer von Artemidors Traumbuch?, in: WI N. S. 13, 1971, 204-211.

7. Das Steinbuch des Xenokrates von Ephesos, in: Medizinhistorisches Journal 7, 1972, 49-64.

8. Kannte Abû l-Kâsim schon die Lithotripsie?, in: Die Medizinische Welt 24 N. F., 1973, 254.

9. Kleopatra in einer arabischen alchemistischen Disputation, in: WZKM 63-64, 1972, 158-175.

10. Neues zum Steinbuch des Xenokrates, in: Medizinhistorisches Journal 8, 1973, 59-76.

11. Die Schrift des Badīġūras über die Ersatzdrogen, in: Der Islam 50, 1973, 230-248.

12. Waraqa min ta'rīḫ al-istišrāq fī Almāniyā: Wilhelm Ahlwardt (1828-1909), in: Fikrun wa-Fann 19, 1972, 71-75 (in arabischer Sprache).

13. Zum Dispensatorium des Sābūr ibn Sahl (zusammen mit Rainer Degen), in: WO 7, 1974, 241-258.

14. Der literarische Hintergrund des Steinbuches des Aristoteles, in: IV Congresso de Estudos Árabes e Islâmicos, Coimbra-Lisboa, 1 a 8 de setembro de 1968, Actas, Leiden 1971, 291-299.

15. Neues zu den diätetischen Schriften des Rufus von Ephesos, in: Medizinhistorisches Journal 9, 1974, 23-40.

16. Das Wörterbuch der klassischen arabischen Sprache, in: Deutsche Orientalistik am Beispiel Tübingens. Arabistische und islamkundliche Studien, hrsg. vom Orientalischen Seminar der Universität Tübingen, Tübingen und Basel 1974, 72-80.
Muʿǧam al-luġa al-ʿarabīya al-fuṣḥā, in: Al-istišrāq al-almānī. Ad-dirāsāt al-ʿarabīya wa-l-islāmīya bi-ǧāmiʿat Tūbinġan, Bairūt 1974, 68-78.
Auch erschienen in: Araber und Deutsche. Begegnungen in einem Jahrtausend, hrsg. von Friedrich H. Kochwasser und Hans Robert Roemer, Tübingen und Basel 1974, 256-264.
Almāniyā wa-l-ʿālam al-ʿarabī, ed. H. R. Roemer, tarǧamahā ilā l-ʿarabīya Muṣṭafā Māhir, Beirut 1974, 327-337.

17. Die Geschichte der arabischen Wissenschaften (zusammen mit Friedemann Rex und Matthias Schramm), in: Deutsche Orientalistik am Beispiel Tübingens ..., Tübingen und Basel 1974, 81-88.
Taʾrīḫ al-ʿulūm al-ʿarabīya, in: Al-istišrāq al-almānī ..., Bairūt 1974, 79-87.

18. Botanik, in: Lexikon der islamischen Welt, hrsg. von Klaus Kreiser, Werner Diem, Hans Georg Majer, Stuttgart 1974, Bd. I 111 (Urban-Taschenbücher 200).
Edelsteine, ib. 151f.
Galen, ib. 189.
Medizin, ib. Bd. II 159-161 (2. Auflage, Stuttgart 1992, 175-177).
Naturwissenschaften, ib. 202f. (2. Auflage, Stuttgart 1992, 213).

19. Xenokrates, in: Pauly-Wissowa, Realencyclopädie der Classischen Altertumswissenschaft, Supplementband 14, 1974, 974-977.

20. Ein Fragment des Kitāb al-Malakī von al-Maǧūsī, in: Der Islam 52, 1975, 109-111.

21. Die arabische Überlieferung der hippokratischen Schrift „De superfetatione", in: Sudhoffs Archiv 58, 1974, 254-275.

22. Edelsteine als Antidota. Ein Kapitel aus dem Giftbuch des ibn al-Mubârak, in: Janus 61, 1974, 73-89.

23. Die arabische Überlieferung der Kyranis des Hermes Trismegistos, in: Proceedings of the VIth Congress of Arabic and Islamic Studies, Visby-Stockholm 1972, Stockholm-Leiden 1975, 196-200 (Kungl. Vitterhets Historie och Antikvitets Akademiens Handlinger, Filologisk-filosofiska serien 15).

24. Die Schrift des Rufus „De infantium curatione" und das Problem der Autorenlemmata in den „Collectiones medicae" des Oreibasios, in: Medizinhistorisches Journal 10, 1975, 165-190.

25. Die Krankengeschichten des Rufus von Ephesos, in: Akten des VII. Kongresses für Arabistik und Islamwissenschaft, Göttingen, 15. bis 22. August 1974 (AAWG, Dritte Folge Nr. 98, 1976, 364-371).

26. Beiträge zum Verständnis der „Dichterischen Vergleiche der Andalus-Araber“, in: WO 9, 1977, 104-124.

27. Die Taḏkira des ibn as-Suwaidī, eine wichtige Quelle zur Geschichte der griechisch-arabischen Medizin und Magie, in: Der Islam 54, 1977, 33-65.

28. Zur arabischen Überlieferung der Disputatio de anima ad Tatianum des Gregorios Thaumaturgos, in: Der Islam 54, 1977, 114-117.

29. Der Werwolf. Ein griechisches Sagenmotiv in arabischer Verkleidung, in: WZKM 68, 1976, 171-184.

30. K͟hālid b. Yazīd b. Muʿāwiya, in: EI^{2} IV (1978), 929f.

31. Galens Kommentar zu der Schrift *De aere aquis locis*, in: Corpus Hippocraticum. Colloque de Mons Septembre 1975, Mons 1977, 353-365 (Éditions Universitaires de Mons, Série Sciences Humaines IV).

32. Ar-riwāya al-ʿarabīya li-aʿmāl Rūfus al-Afasīsī, in: Proceedings of the First International Symposium for the History of Arabic Science, Held at the University of Aleppo, 5. - 12. April 1976, First Volume, Papers in Arabic, Aleppo 1977, 563-573.

33. Arabische, türkische und persische Studien, in: Wilhelm Schickard 1592-1635. Astronom, Geograph, Orientalist, Erfinder der Rechenmaschine, hrsg. von Friedrich Seck, Tübingen 1978, 109-128 (Contubernium. Beiträge zur Geschichte der Eberhard-Karls-Universität Tübingen 25).

34. Zwei spätantike Kommentare zu der hippokratischen Schrift „De morbis muliebribus“, in: Medizinhistorisches Journal 12, 1977, 245-262.

35. K͟hāṣṣa, sympathetic quality, in: EI^{2} IV (1978) 1097f.

36. Ḫālid ibn Yazīd und die Alchemie: Eine Legende, in: Der Islam 55, 1978, 181-218.

37. Al-Kibrīt, sulphur, in: EI^{2} V (1986) 88-90.

38. Al-Kīmiyāʾ, alchemy, in: EI^{2} V (1986) 110-115.

39. Al-Ḳily, potash, in: EI^{2} V (1986) 107.

40. Arabische Lexikographie in Tübingen, in: Tübinger Blätter 67, 1980, 36-40.

41. Die Bedeutung des Adjektivs *aǧʾā*, in: Studia Arabica et Islamica, Festschrift for Iḥsān ʿAbbās on his sixtieth birthday, Beirut 1981, 455-467 (Bibliographie S. 468-471 von Wadād al-Qāḍī).

42. Ḳuṭrub, the werewolf, in: EI^2 V (1982) 566f.

43. Nicht nur ..., sondern auch ..., in: Der Islam 60, 1983, 3-36.

44. Vorklassisches Arabisch, in: Studi in onore di Francesco Gabrieli nel suo ottantesimo compleanno, ed. Renato Traini, Bd. II, Roma 1984, 807-818.

45. Anmerkungen zu *kāna*, in: Der Islam 66, 1989, 344-350.

46. Aktuelle Probleme bei der Erforschung der arabischen Alchemie, in: Gesellschaft Deutscher Chemiker, Fachgruppe Geschichte der Chemie, Mitteilungen Nr. 6, Frankfurt a. M. 1991, 3-17.

47. Zur Problematik des arabischen Nomen speciei, in: Oriens 33, 1992, 181-214.

48. Radjaz, in: EI^2 VIII (1995) 375-378.

49. Rūfus al-Afsīsī, in: EI^2 VIII (1995) 588f.

50. Die arabische Überlieferung der Schriften des Rufus von Ephesos, in: Aufstieg und Niedergang der Römischen Welt, Teil II: Principat, Band 37.2, Berlin-New York 1994, 1293-1349.

51. Was bedeutet arabisch *duʿmūṣ*?, in: WO 26, 1995, 145-160.

52. Diejenige welche, in: WO 28, 1997, 136-152.

53. Die Milchstraße in der Bildersprache der arabischen Dichter, in: Sic itur ad astra. Festschrift für Paul Kunitzsch, hrsg. von Menso Folkerts und Richard Lorch, Wiesbaden 2000, 555-571.

54. Quellennachweise zum Kitāb al-Badīʿ des Usāma ibn Munqiḏ, in: WO 32, 2002, 146-152.

55. Die Universitätsbibliothek Tübingen und die Anfänge des arabischen Wörterbuches, in: „Fest-Platte". Beiträge aus der Universitätsbibliothek Tübingen für Berndt von Egidy anläßlich seines Ausscheidens aus dem aktiven Bibliotheksdienst im Juli 2003, hrsg. von B. Fiand u. a., Tübingen 2003, 144-147.

56. Wollte Mohammed Selbstmord begehen? Die Bedeutung des arabischen Verbums *baḫaʿa*, in: WO 34, 2004, 64-71.

57. Quecksilber, in: Words, Texts and Concepts Cruising the Mediterranean Sea. Studies ... Dedicated to Gerhard Endress, edd. R. Arnzen and J. Thielmann, Leuven-Paris-Dudley 2004, 113-129 (Orientalia Lovaniensia Analecta 139).

58. Gutta cavat lapidem, in: O ye Gentlemen. Arabic Studies on Science and Literary Culture in Honour of Remke Kruk, Leiden-Boston 2007, 393-405.

59. Zur Geschichte dieses Wörterbuches, in: WKAS Band II, Teil 4, 2459-2494.

60. Die Wurfmaschine im Spiegel der arabischen Dichtung, in: Differenz und Dynamik im Islam. Festschrift für Heinz Halm zum 70. Geburtstag, hrsg. von Hinrich Biesterfeldt und Verena Klemm, Würzburg 2012, 373-382.

61. Αἴξ τὴν μάχαιραν, in: Medieval Arabic Thought. Essays in Honour of Fritz Zimmermann, edd. R. Hansberger, M. Afifi al-Akiti and Ch. Burnett, London-Turin 2012, 197-208.

62. Die arabischen Fragmente der Bücher II bis IV der Kyraniden, in: Studia graeco-arabica 10 (2020) (Studies Dedicated to Rüdiger Arnzen on His Sixtieth Birthday, ed. Yury Arzhanov) 49-57.

C. Besprechungen

1. Djambatan, Atlas of the Arab World and the Middle East, Amsterdam 1960, in: ZDMG 113, 1963, 299f.

2. „Picatrix“. Das Ziel des Weisen von Pseudo-Mağrīṭī, Translated into German from the Arabic by Hellmut Ritter and Martin Plessner, London 1962, in: ZDMG 114, 1964, 196-201.

3. Georges Vajda, Le Dictionnaire des Autorités de ʿAbd al-Muʾmin ad-Dimyāṭī, in : OLZ 60, 1965, 172f.

4. Jean Sauvaget's Introduction to the History of the Muslim East, Berkeley and Los Angeles 1965, in : ZDMG 116, 1966, 393-395.

5. Nicholas Rescher, Al-Fārābī's Short Commentary on Aristotle's Prior Analytics, Pittsburgh 1963, in : Der Islam 43, 1967, 170.

6. Ekkehard Eickhoff, Seekrieg und Seepolitik zwischen Islam und Abendland, Berlin 1966, in: Mundus 3, 1967, 206; auch erschienen in: Philosophy and History 1, 1968, 231.

7. Wolfdietrich Fischer, Farb- und Formbezeichnungen in der Sprache der altarabischen Dichtung, Wiesbaden 1965, in: ZDMG 117, 1967, 182-189.

8. Die Gelehrtenbiographien des Abū ʿUbaidallāh al-Marzubānī, hrsg. von Rudolf Sellheim, Wiesbaden 1964, in: ZDMG 117, 1967, 189-193.

9. Mechthild Kellermann-Rost, Ein pseudoaristotelischer Traktat über die Tugend, Phil. Diss. Erlangen 1965, in: Mundus 4, 1968, 23f.

10. John A. Haywood, Arabic Lexicography, Second Edition, Leiden 1965, in: Der Islam 44, 1968, 290f.

11. Gustav Edmund von Grunebaum, Der Islam in seiner klassischen Epoche, Zürich und Stuttgart 1966, in: Mundus 4, 1968, 116; auch erschienen in: Philosophy and History 2, 1969, 211.

12. Detlef Möller, Studien zur mittelalterlichen arabischen Falknereiliteratur, Berlin 1965, in: Deutsche Literaturzeitung 89, 1968, 302-304.

13. Sami Hamarneh, Bibliography on Medicine and Pharmacy in Medieval Islam, Stuttgart 1964, in: ZDMG 118, 1968, 177-179.

14. Martin Levey and Noury el-Khaledy, The Medical Formulary of al-Samarqandī, Philadelphia 1967, in: Bi Or 25, 1968, 235-237.

15. J. Christoph Bürgel, Averroes contra Galenum, Göttingen 1968, in: Mundus 4, 1968, 295f.

16. Douglas M. Dunlop, Arabic Science in the West, Karachi o. J., in: Der Islam 45, 1969, 162f.

17. The Determination of the Coordinates of Positions for the Corrections of Distances between Cities of al-Bīrūnī, transl. by Jamil Ali, Beirut 1967, in: Der Islam 45, 1969, 163.

18. Toufic Fahd, La Divination arabe, Leiden 1966, in: OLZ 64, 1969, 368-370.

19. Helmut Gätje, Die arabische Übersetzung der Schrift des Alexander von Aphrodisias über die Farbe, Göttingen 1968, in: Mundus 5, 1969, 212f.

20. Werner Diem, Das Kitāb al-Ǧīm des abū ʿAmr aš-Šaibānī, Phil. Diss. München 1968, in: Mundus 5, 1969, 300f.

21. Albert Dietrich, Medicinalia Arabica, Göttingen 1966, in: Der Islam 46, 1970, 112-117.

22. Max Meyerhof und Joseph Schacht, The Theologus Autodidactus of Ibn al-Nafīs, Oxford 1968, in: Der Islam 46, 1970, 105f.

23. Casimir Petraitis, The Arabic Version of Aristotle's Meteorology, Beyrouth 1967, in: Der Islam 46, 1970, 106-111.

24. Mir-Hossein Nabavi, Hygiene und Medizin im Koran, Stuttgart 1968, in: Der Islam 46, 1970, 74.

25. Ernst Harder, Annemarie Schimmel, Arabische Sprachlehre, Heidelberg 1968, in: Mundus 6, 1970, 17f.

26. Wolfhart Heinrichs, Arabische Dichtung und griechische Poetik. Ḥāzim al-Qarṭāǧannīs Grundlegung der Poetik mit Hilfe aristotelischer Begriffe, Wiesbaden 1969, in: Erasmus 22, 1970, 610-612.

27. Hubert Daunicht, Der Osten nach der Erdkarte al-Ḫuwārizmīs, Bd. I, Bonn 1968, in: Der Islam 47, 1971, 300f.

28. Werner Schmucker, Die pflanzliche und mineralische Materia Medica im Firdaus al-Ḥikma des Ṭabarī, Bonn 1969, in: Der Islam 47, 1971, 303f.

29. Heinz Grotzfeld, Das Bad im arabisch-islamischen Mittelalter, Wiesbaden 1970, in: Mundus 6, 1970, 310f.

30. Lutz Richter-Bernburg, Eine arabische Version der pseudogalenischen Schrift De Theriaca ad Pisonem, Phil. Diss. Göttingen 1969, in: Mundus 6, 1970, 325f.

31. Fuat Sezgin, Geschichte des arabischen Schrifttums Bd. I, Leiden 1967, in: Mundus 6, 1970, 329-331.

32. Hubert Daunicht, Der Osten nach der Erdkarte al-Ḫuwārizmīs, Teil II-IV, Bonn 1970, in: Der Islam 48, 1971, 155f.

33. Fuat Sezgin, Geschichte des arabischen Schrifttums, Bd. III, Leiden 1970, und Bd. IV, Leiden 1971, in: Mundus 7, 1971, 336f.

34. Hans-Jürgen Thies, Der Diabetestraktat ʿAbd al-Laṭīf al-Baġdādī's, Bonn 1971, in: Der Islam 48, 1972, 339f.

35. Helene Loebenstein, Katalog der arabischen Handschriften der Österreichischen Nationalbibliothek, Teil I, Wien 1970, in: Der Islam 48, 1972, 342.

36. Ilona Opelt, Griechische Philosophie bei den Arabern, München 1970, in: Mundus 8, 1972, 133f.

37. Al-Ǧāḥiẓ, Le Kitāb al-Tarbīʿ Wa-l-tadwīr, Traduction française par M. Adad, Leiden 1968, in : OLZ 67, 1972, 367-370.

38. Rifaat Y. Ebied, Bibliography of Mediaeval Arabic and Jewish Medicine, London 1971, in: Der Islam 49, 1972, 329f.

39. Helmut Gätje, Studien zur Überlieferung der aristotelischen Psychologie im Islam, Heidelberg 1971, in: Der Islam 49, 1972, 328f.

40. Nicholas Rescher and Michael E. Marmura, The Refutation by Alexander of Aphrodisias of Galens Treatise on the Theory of Motion, Islamabad o. J., in: Der Islam 49, 1972, 330f.

41. Otto Spies und Horst Müller-Bütow, Anatomie und Chirurgie des Schädels ... nach Ibn al-Quff, Berlin-New York 1971, in: Der Islam 49, 1972, 331f.

42. Wolfdietrich Fischer, Grammatik des klassischen Arabisch, Wiesbaden 1972, in: Mundus 9, 1973, 6f.

43. Gertrud Bauer, Athanasius von Qūṣ, Freiburg 1972, in: Mundus 9, 1973, 104f.

44. Raif Georges Khoury, Wahb ibn Munabbih, Teil I und II (Codices Arabici Antiqui Vol. I), Wiesbaden 1972, in: Mundus 9, 1973, 218f.

45. Der Dīwān des Abū Nuwās, Teil II, hrsg. von Ewald Wagner, Wiesbaden 1972, in: Der Islam 51, 1974, 171-173.

46. Edward Stewart Kennedy, A Commentary on Bīrūnī's Kitāb Taḥdīd al-Amākin, Beirut 1973, in: Der Islam 52, 1975, 148.

47. The Book of Knowledge of Ingenious Mechanical Devices by Ibn al-Razzāz al-Jazarī. Translated and Annotated by Donald R. Hill, Dordrecht-Boston 1974, in: Der Islam 52, 1975, 160f.

48. Martin Levey, Early Arabic Pharmacology, Leiden 1973, in: Der Islam 52, 1975, 161f.

49. William E. Gohlman, The Life of Ibn Sina, Albany, New York 1974, in: Der Islam 52, 1975, 148-151.

50. Dietlinde Goltz, Studien zur Geschichte der Mineralnamen in Pharmazie, Chemie und Medizin, Wiesbaden 1972, in: ZDMG 125, 1975, 390-392.

51. Fuat Sezgin, Geschichte des arabischen Schrifttums, Bd. V, Leiden 1974, in: Mundus 11, 1975, 328f.

52. Ḥunayn ibn Isḥāq. Collection d'articles publiée à l'occasion du onzieme centenaire de sa mort, Leiden 1975, in : Der Islam 53, 1976, 303f.

53. Hans Daiber, Ein Kompendium der aristotelischen Meteorologie in der Fassung des Ḥunain ibn Isḥâq, Amsterdam-Oxford 1975, in: Der Islam 53, 1976, 304-306.

54. Gotthard Strohmaier, Galen. Über die Verschiedenheit der homoiomeren Körperteile, Berlin 1970, in: OLZ 71, 1976, 578-580.

55. Martin Plessner, Vorsokratische Philosophie und griechische Alchemie in arabisch-lateinischer Überlieferung. Studien zu Text und Inhalt der Turba philosophorum, Wiesbaden 1975, in: Mundus 12, 1976, 288f.

56. Fuat Sezgin, Geschichte des arabischen Schrifttums, Bd. II, Leiden 1975, in: Mundus 12, 1976, 291f.

57. Dimitri Gutas, Greek Wisdom Literature in Arabic Translation. A Study of the Graeco-Arabic Gnomologia (American Oriental Series Vol. 60), New Haven 1975, in: Der Islam 54, 1977, 149-151.

58. Malcolm Lyons, An Arabic Translation of Themistius Commentary on Aristoteles De anima, London 1973, in: ZDMG 127, 1977, 133f.

59. Adel Y. Sidarus, Ibn ar-Rāhibs Leben und Werk. Ein koptisch-arabischer Enzyklopädist des 7./13. Jahrhunderts, Freiburg 1975, in: ZDMG 127, 1977, 207.

60. Al-Fārābī. Deux ouvrages inédits sur la réthorique, par J. Langhade et M. Grignaschi, Beyrouth 1971, in : OLZ 72, 1977, 193-195.

61. Regina Hartmann, Untersuchungen zur Syntax der arabischen Schriftsprache. Eine generativ-transformationelle Darstellung, Wiesbaden 1974, in: Mundus 13, 1977, 121f.

62. Sami K. Hamarneh, The Physician, Therapist and Surgeon Ibn Al-Quff (1233-1286). An Introductory Survey of His Time, Life and Works, Cairo 1974, in: Sudhoffs Archiv 61, 1977, 401.

63. Heinrich Schipperges, Arabische Medizin im lateinischen Mittelalter, Berlin-Heidelberg-New York 1976, in: Der Islam 55, 1978, 107f.

64. Gérard Troupeau, Lexique-Index du Kitāb de Sībawayhi avec tables des noms propres etc., Paris 1976, in : WO 9, 1978, 322-324.

65. Salmane Kataye, Les manuscrits médicaux et pharmaceutiques dans les Bibliothèques publiques d'Alep, Alep 1976, in : Sudhoffs Archiv 62, 1978, 310.

66. Arslan Terzioğlu, Moses Hamons Kompendium der Zahnheilkunde aus dem Anfang des 16. Jahrhunderts, München 1977, in: Der Islam 56, 1979, 159.

67. Oscar Löfgren and Renato Traini, Catalogue of the Arabic Manuscripts in the Biblioteca Ambrosiana, Vol. I, Vicenza 1975, in: WO 10, 1979, 146f.

68. Remke Kruk, The Arabic Version of Aristotle's Parts of Animals. A Critical Edition, Amsterdam-Oxford 1979, in: ZDMG 130, 1980, 179f.

69. Pieter Leendert Schoonheim, Aristoteles' Meteorologie in arabischer und lateinischer Übersetzung. Textkritische Ausgabe des ersten Buches, Phil. Diss. Amsterdam 1978, in: Bi Or 36, 1979, 236-238.

70. Ursula Weisser, Buch über das Geheimnis der Schöpfung und die Darstellung der Natur von Pseudo-Apollonios von Tyana, Aleppo 1979, in: Journal for the History of Arabic Science 4, 1980, 90-94.

71. Donald R. Hill, The Book of Ingenious Devices (Kitāb al-Ḥiyal) by the Banū Mūsà bin Shākir, Dordrecht-Boston-London 1979, in: Der Islam 57, 1980, 350f.

72. Questions on Medicine for Scholars by Ḥunayn Ibn Isḥāq. Translated into English by Paul Ghalioungui, Cairo 1980, in: Der Islam 59, 1982, 160f.

73. Horst Müller-Bütow, Lepra. Ein medizinhistorischer Überblick, Frankfurt a. M.-Bern 1981, in: Der Islam 59, 1982, 333f.

74. Ar-Razi, Quelle est la différence. Édition Critique et Commentaire de S. Kataya, Aleppo 1978, in : OLZ 77, 1982, 474-476.

75. Ursula Weisser, Das „Buch über das Geheimnis der Schöpfung“ von Pseudo-Apollonios von Tyana (Ars Medica, III. Abteilung: Arabische Medizin Band 2), Berlin-New York 1980, in: Journal for the History of Arabic Science 5, 1981, 121-126.

76. Isḥāq b. Sulaymān al-Isrāʾīlī, Kitāb al-Ḥummayāt, ed. and transl. by J. Derek Latham and Haskell D. Isaacs, Cambridge 1981, in: Journal of Semitic Studies 27, 1982, 332-335.

77. Felix Klein-Franke, Vorlesungen über die Medizin im Islam, Wiesbaden 1982, in: Sudhoffs Archiv 67, 1983, 230-232.

78. Alma Giese, Waṣf bei Kušāǧim. Eine Studie zur beschreibenden Dichtkunst der Abbasidenzeit, Berlin 1981, in: Der Islam 60, 1983, 318f.

79. Une correspondance islamo-chrétienne entre ibn al-Munaǧǧim, Ḥunayn ibn Isḥāq et Qusṭā ibn Lūqā. Introduction, édition par Khalil Samir, traduction par Paul Nwyia, Turnhout 1981, in : Der Islam 60, 1983, 326f.

80. Bodo Rasch, Die Zeltstädte des Hadsch, Stuttgart 1980, in : Der Islam 60, 1983, 336.

81. Anton M. Heinen, Islamic Cosmology. A Study of as-Suyūṭī's al-Hayʾa as-sanīya fī l-hayʾa as-sunnīya, Wiesbaden 1982, in: ZDMG 134, 1984, 371.

82. Ahmad Saeed Khan, A Bibliography of the Works of Abū'l-Raiḥān al-Bīrūnī, New Delhi 1982, in: Der Islam 61, 1984, 338f.

83. Samuel Miklos Stern, Medieval Arabic and Hebrew Thought, edited by F. W. Zimmer-mann, London 1983, in: Der Islam 61, 1984, 375.

84. Ibn Buṭlān, Das Ärztebankett. Aus arabischen Handschriften übersetzt von Felix Klein-Franke, Stuttgart 1984, in: Der Islam 61, 1984, 378-380.

85. Ursula Weisser, Zeugung, Vererbung und pränatale Entwicklung in der Medizin des arabisch-islamischen Mittelalters, Erlangen 1983, in: ZDMG 135, 1985, 197f.

86. Nancy Elizabeth Gallagher, Arabic Medical Manuscripts at the University of California Los Angeles, Malibu 1983, in: Der Islam 62, 1985, 150.

87. Armin Schopen, Traditionelle Heilmittel in Jemen, Wiesbaden 1983, in: Der Islam 62, 1985, 180f.

88. Albert Zaki Iskandar, A descriptive list of Arabic manuscripts on medicine and science at the University of California Los Angeles, Leiden 1984, in: ZDMG 136, 1986, 206.

89. Mahmoud M. Sadek, The Arabic Materia Medica of Dioscorides, Quebec 1983, in: Journal of Semitic Studies 30, 1985, 325f.

90. Dionisius A. Agius, Arabic Literary Works as a Source of Documentation for Technical Terms of the Material Culture, Berlin 1984, in: WI 26, 1986, 169-172.

91. Oscar Löfgren and Renato Traini, Catalogue of the Arabic Manuscripts in the Biblioteca Ambrosiana, Vol. II, Nuovo Fondo: Series A-D, Vicenza 1981, in: WI 27, 1987, 155f.

92. Picatrix, The Latin version of the Ghāyat Al-Ḥakīm, edited by David Pingree, London 1986, in: Der Islam 65, 1988, 125-129.

93. Health Sciences in Early Islam. Collected Papers by Sami K. Hamarneh, ed. by Munawar A. Anees, Vol. I.II, Blanco (Texas) 1983, in: Der Islam 65, 1988, 345.

94. Doris Behrens-Abouseif, Fatḥ Allāh and Abū Zakariyya: Physicians under the Mamluks, Le Caire 1987, in: Der Islam 66, 1989, 154.

95. Irene Fellmann, Das Aqrābāḏīn al-Qalānisī, Beirut-Wiesbaden 1986, in: WO 19, 1988, 204f.

96. Galen, On Examinations by which the best Physicians are Recognized, ed. by Albert Zaki Iskandar, Berlin 1988, in: Der Islam 67, 1990, 188-191.

97. Thomas Bauer, Das Pflanzenbuch des Abū Ḥanīfa ad-Dīnawarī, Wiesbaden 1988, in: OLZ 85, 1990, 442-444.

98. Der Dīwān des Abū Nuwās, Teil III, hrsg. von Ewald Wagner, Stuttgart 1988, in: WO 22, 1991, 214-217.

99. Herbert Eisenstein, Einführung in die arabische Zoographie, Berlin 1991, in: WO 24, 1993, 189-191.

100. Jacqueline Sublet, Le voile du nom. Essai sur le nom propre arabe, Paris 1991, in : WO 24, 1993, 191-193.

101. Willem Stoetzer, Arabische grammatica in schema's en regels, Muiderberg 1991, in : Bi Or 1993, 763f.

102. Gerhard Endress and Dimitri Gutas, A Greek and Arabic Lexicon, Fascicle 1, Leiden 1992, in: ZDMG 144, 1994, 432f.

103. Stefan Weninger, Qanāʿa (Genügsamkeit) in der arabischen Literatur anhand des Kitāb al-Qanāʿa wa-t-taʿaffuf von Ibn Abī d-Dunyā, Berlin 1992, in: WO 25, 1994, 200f.

104. Ulrich Marzolph, Arabia ridens. Die humoristische Kurzprosa der frühen adab-Literatur im internationalen Traditionsgeflecht, Bd. I.II, Frankfurt a. M. 1992, in: WO 25, 1994, 202-204.

105. Gerhard Endress and Dimitri Gutas, A Greek and Arabic Lexicon, Fascicle 2, Leiden 1994, in: ZDMG 145, 1995, 462.

106. Jaakko Hämeen-Anttila, Lexical Ibdāl, Part I: Introduction. Source Studies. With a Reconstruction of Abū Turāb's Kitāb al-Iʿtiqāb, Helsinki 1993, in: ZDMG 145, 1995, 464.

107. Kathrin Müller, „Und der Kalif lachte, bis er auf den Rücken fiel". Ein Beitrag zur Phraseologie und Stilkunde des klassischen Arabisch, München 1993, in: WO 26, 1995, 214-216.

108. Proceedings of the Colloquium on Arabic Lexicology and Lexicography, Part One, Buda-pest 1-7 Sept. 1993, Budapest 1993, in: OLZ 91, 1996, 443-447.

109. Abū Maʿšar, The Abbreviation of the Introduction to Astrology, ed. and transl. by Charles Burnett, Keiji Yamamoto, Michio Yano, Leiden-New York-Köln 1994, in: OLZ 91, 1996, 607-609.

110. Werner Diem and Hans-Peter Radenberg, A Dictionary of the Arabic Material of S. D. Goitein's A Mediterranean Society, Wiesbaden 1994, in: ZDMG 146, 1996, 531f.

111. Gerhard Endress and Dimitri Gutas, A Greek and Arabic Lexicon, Fascicle 3, Leiden 1995, in: ZDMG 146, 1996, 712.

112. Naphtali Kinberg, A Lexicon of Al-Farrāʾ's Terminology in his Qurʾān Commentary, Leiden-New York-Köln 1996, in: OLZ 92, 1997, 542-544.

113. Rüdiger Arnzen, Aristoteles' De anima. Eine verlorene spätantike Paraphrase in arabischer und persischer Überlieferung, Leiden-New York-Köln 1998, in: WO 30, 1999, 232f.

114. Charles Burnett, Magic and Divination in the Middle Ages. Texts and Techniques in the Islamic and Christian Worlds, Aldershot 1996, in: Der Islam 77, 2000, 188.

115. Werner Diem, fa-waylun li-l-qāsiyati qulūbuhum. Studien zum arabischen adjektivischen Satz, Wiesbaden 1998, in: ZDMG 150, 2000, 339f.

116. Gerhard Endress and Dimitri Gutas, A Greek and Arabic Lexicon, Fascicle 4, Leiden 1997, in: ZDMG 150, 2000, 660-663.

117. Paul Lettinck, Aristotle's Meteorology and its Reception in the Arab World, Leiden 1999, in: WO 31, 2000/2001, 254.

118. Pieter Leendert Schoonheim, Aristotle's Meteorology in the Arabic-Latin Tradition. A Critical Edition of the Texts, with Introduction and Indices, Leiden-Boston-Köln 2000, in: WO 32, 2002, 215-217.

119. Kathrin Müller, "Da war ihm, als müsse er fliegen vor Freuden". Tausendundeine Nacht als Fundus für arabische Phraseologie, München 2001, in: WO 33, 2003, 252f.

120. Gotthard Strohmaier, Von Demokrit bis Dante. Die Bewahrung antiken Erbes in der arabischen Kultur, Hildesheim 1996, in: WO 33, 2003, 238f.

121. The Problemata Physica Attributed to Aristotle. The Arabic Version of Ḥunain ibn Isḥāq and the Hebrew Version of Moses ibn Tibbon, edited by L. S. Filius, Leiden-Boston-Köln 1999, in: ZDMG 153, 2003, 470-473.

122. Gerhard Endress and Dimitri Gutas, A Greek and Arabic Lexicon, Fascicle 5, Leiden 1998, in: ZDMG 154, 2004, 225-227.
Fascicle 6, Leiden 2001, ib. 227-228.
Vol. I, *ʾa* to *ʾay*, Leiden 2002, ib. 229.

123. Sābūr ibn Sahl, The Small Dispensatory, translated from the Arabic by Oliver Kahl, Leiden-Boston 2003, in: WO 34, 2004, 233-235.

124. Der Dīwān des Abū Nuwās, Teil V, hrsg. von Ewald Wagner, Berlin 2003, in: WO 35, 2005, 253-255.

125. Peter E. Pormann, The Oriental Tradition of Paul of Aegina's Pragmateia, Leiden-Boston 2004, in: WO 37, 2007, 236f.